Kampfsport

Satz: Fotosatz Weyhing GmbH, Stuttgart
Druck: Dr. Cantz'sche Druckerei, 7302 Ostfildern 1 (Ruit)
Bindearbeiten: Sigloch Buchbinderei, Künzelsau
2 3 4 5 6 96 95 94 93 92
Auflage Jahr
(jeweils erste und letzte Zahl maßgeblich)

ISBN 3-8231-0098-X

Kampfsport

Ein fröhliches Wörterbuch für alle Budokas,
Judokas, Karatekas, Aikido-, Jiu-Jitsu-,
Kendo- und Kiudokämpfer
sowie für Do-it-yourself-Verteidiger.

Von Dietmar Schenk
mit Zeichnungen von Peter Butschkow

TOMUS

Voller Freude und Dankbarkeit möchte ich folgenden Zeitgenossen erwähnen: meinen Freund und Jahrgangskameraden Detlef Herborn, an dem ich die Wirkung aller in diesem Buch beschriebenen Schläge, Tritte, Stöße und Würfe ausprobieren durfte. Ohne ihn hätte dieses Buch nicht entstehen können. Viele Grüße von dieser Stelle aus ins Krankenhaus – und gute Besserung!

Abwehr

A

Abwehr Ist die Kunst, einen Schlag oder Tritt des Gegners so umzulenken, daß er sein Ziel verfehlt. Beispiel: Der Profi lenkt einen Schlag so ab, daß dessen Energie in der Luft verpufft. Der Anfänger leitet einen Schlag, der beispielsweise das Kinn treffen sollte, zum Magen hin. Der Schlag zum Kinn folgt anschließend trotzdem.

Adler Eines der Tiere, dessen Angriffs- und Abwehrtechnik der Ninja sich zunutze macht. Dabei stellen die ausgebreiteten Arme die Flügel dar. Mit dieser Technik schafft man es jedoch nicht, einem überlegenen Gegner davonzufliegen, es sei denn, man nutzt den Schwung eines gegnerischen Tritts aus.

Age-Zuki Der Karate-Kämpfer versteht darunter den Fauststoß unters Kinn. Eignet sich hervorragend zum Schließen des Mundwerks eines nervenden Besserwissers.

Aikido Siegen durch Nachgeben.
Aikido besteht aus spiraligen Drehbewegungen in Verbindung mit Schlag-, Stoß- und Trittechniken. Kann man damit einen Gegner nicht besiegen, dann gibt man eben nach und macht sich aus dem Staub.

Amateur Auch Anfänger genannt. Ist meist stark im Nehmen. Was bleibt ihm auch anderes übrig?

Angriff Gegenteil von Abwehr. Greift man einen starken Gegner an, dann ist man entweder mutig oder verrückt. In beiden Fällen sollte man versuchen, einen vernichtenden Schlag

	oder Tritt einzusetzen, bevor der Gegner reagieren kann. Gelingt dies nicht, dann: siehe Abwehr.
Angst	Schweißtreibendes, (schließ)muskellähmendes Gefühl angesichts eines zu starken Gegners.
Anzug	Schwarzes oder weißes Baumwollkostüm, bestehend aus Jacke und Hose. Wird mit einem farbigen Gürtel zusammengehalten. Der Anfänger sollte wasserdichte Hosen benutzen.
Asien	Erdteil im fernen Osten und Ursprungsland aller Kampfkünste. Um die zahlreichen Kämpfer ernähren zu können, hat man in Asien den Reis erfunden. Heute werden von dort in erster Linie Videorekorder exportiert, damit der westliche Mensch mittels Video lernen kann, wie man einen Gegner bezwingt.
Atmen	Wichtige, unbewußte Funktion des Körpers zur Lebenserhaltung. Der Kampfsportler trainiert jedoch auch das bewußte Atmen, um im Notfall den Gegner mit Mundgeruch zu irritieren.
Aufgeben	Letztes Mittel, um der Prozedur einer Tracht Prügel zu entgehen, oder, wenn sie bereits begonnen hat, sie vorzeitig zu beenden.
Aufgehende Sonne	Japan nimmt für sich das Privileg in Anspruch, das »Land der aufgehenden Sonne« zu sein. In der Tat geht hier für viele Kämpfer die Sonne auf, nämlich dann, wenn die nach einem niederschmetternden Schlag aufgegangenen Sterne untergehen.

Angst

Aufschlagen Im Gegensatz zu Ballsportarten wie Tennis werden beim Kampfsport keine Bälle aufgeschlagen. Verliert ein Kämpfer nach einem gezielten Schlag das Gleichgewicht oder seine Sinne, dann schlägt er mit dem Körper auf die Matte.

Auge Sinnesorgan zur visuellen Aufnahme eines Eindrucks, der mittels Sehnerven an das Gehirn weitergeleitet wird. Da beim Kampf mit Vorliebe auf das Auge geschlagen wird (weil die gegnerische Faust hineinpaßt), ist der letzte Eindruck für manche ein Sternenhaufen, der jedoch nur in der Phantasie des Be- oder Getroffenen besteht.

B

Backstein Gebackener Stein, der eigens für Bruchtests in Steinbäckereien hergestellt wird.
Der Beruf des Steinbäckers bedarf jahrelanger Erfahrung, denn er muß die richtige Härte für den Stein »backen« können. Ist der Backstein nämlich zu weich, dann wird der Vorführer eines Bruchtests wegen Schiebung vom Publikum ausgepfiffen, während ein zu harter Stein unversehrt bleibt, die Faust des Kämpfers dagegen in die Brüche geht. Beide Varianten können für den Steinbäcker nach der Veranstaltung schlimme Folgen haben.

Bauchmuskeln Muskulaturgitter, das den dahinterliegenden Magen schützt. Abgeschlaffte Bauchmuskeln lassen ein Gebilde entstehen, das im Volksmund Wampe, Trommel, Ranzen, Hähnchenfriedhof oder Brauereigeschwür genannt wird. Für einen dicken Bauch lassen sich beliebig viele Vokabeln

Auge

kreieren, und er hat seit jeher zu Wortspielereien gereizt, um den (meist) unglücklichen Besitzer zu piesacken. (Anmerkung für meinen Freund Raimund Walny: Lieber einen Bauch vom Saufen als einen Buckel vom Schaffen.)

Beitrag

Festgesetzte Geldsumme, die meist monatlich an eine Institution (Karate-Verein, Kampfsport-Center etc.) berappt wird. Als Gegenleistung darf man sich beliebig oft zu den Geschäftszeiten verdreschen lassen.

Biegefeder

Hatten die Athleten der Antike noch Eisenstangen verbogen, um sich in Form zu halten, so bedient der Kampf- und Kraftsportler sich heute lieber einer Biegefeder. Nachteil gegenüber den antiken Stangen: Wenn die Biegefeder dem körperformenden Menschen aus der schweißnassen Hand flutscht, können durch die plötzlich frei werdende Energie wichtige Körperteile oder Knochen empfindlich geschädigt werden.

Blau

Folgt als Gürtelfarbe nach Gelb, Orange und Grün. Hat ein Kämpfer einen blauen Gürtel umgebunden, dann bedeutet das: Drisch mich mal richtig durch, damit ich ins Schwitzen komme. Ich friere wie ein Schneider.

Bodybuilding

Muskelerzeugende Bewegungsabläufe in Verbindung mit Gewichten oder speziellen Trainingsgeräten. Bodybuilder sind zwar kräftig, aber auch gerade wegen ihrer Kraft einem Kampfsportler unterlegen. Da Muskelpakete eine zusätzliche Last darstellen und der Bodybuilder sich obendrein von seinen Muskelspielen ablenken läßt, kommt er meistens nicht dazu, auch nur einen Schlag am Gegner anzubringen.

Bodybuilding

Bruchtest

Braun

Die Gürtelfarbe Braun folgt den Farben Gelb, Orange, Grün und Blau. Der Träger eines braunen Gürtels gerät leicht in Verdacht, ein Schmutzfink zu sein, der seinen Gürtel nie in die Wäsche gibt.

Brett

Wie der Backstein ist das Brett ein beliebtes Utensil für Bruchdemonstrationen. An schwarzen Brettern in Vereinen etc. findet man jedoch auch Notizen wie: Tausche elektrische Zahnbürste nebst Paste gegen Schnabeltasse.

Bruchtest

Volksbelustigende Demonstration, bei der Holz, Ziegel und Steinplatten mit der bloßen Hand zerschlagen werden. Der Anfänger sollte jedoch mit Eßstäbchen und Bleistiften beginnen, um Verletzungen zu vermeiden.

Buddhafächer

Darunter versteht man eine Angriffstechnik der Ninja. Sie besteht aus der flachen Hand in Verbindung mit der Faust. Verbreitet keine angenehme kühle Luft wie ein normaler Fächer, sondern erzeugt Hitze auf Backen und anderen Körperteilen.

Budo

Man vermutet den Ursprung aller asiatischen Kampfrichtungen in den östlichen Klöstern des Mittelalters. Während deutsche Mönche Bier brauten, droschen sich asiatische Glaubensbrüder täglich bis zu acht Stunden hinter meterdicken Mauern. Einer dieser schlagkräftigen Orden hat sich bis in unsere Zeit gehalten, nämlich Budo, der »Buff-und-druff-Orden«. Heute verbirgt sich hinter diesem Wort jedoch ein Verband, der alles überwacht, was mit Kampfsport zu tun hat.

C

Catchen In einem Ring stattfindender volksbelustigender Kampfsport, wobei versucht wird, den Gegner zu verbiegen. Catchen fällt nicht unter den eigentlichen Begriff Kampf, da hier der Sieger meist von vornherein feststeht. Eine undankbare Aufgabe ist es, den Bösewicht zu spielen, der den Guten ordentlich versohlt. Der Böse wird dafür doppelt gestraft: Zunächst unterliegt er letztendlich doch dem Braven, und hinterher wird er vom Publikum verhöhnt und bespuckt, weil er halt böse ist.

Chagi Der Taekwon-Do-Kämpfer versteht darunter einen gewöhnlichen Fußtritt. Eine wichtige Variante ist der Dyt-Chagi, der Rücktritt, der auch von Politikern einstudiert wird.

Chi-Mei Tödlicher Stoß beim Karate. Diese Technik wird aber allerhöchstens im Gebirge trainiert, um einen unliebsamen Partner bei einer Gratwanderung loszuwerden.

D

Dan Bedeutet soviel wie: Stufe, Meistergrad. Diese Stufen müssen hart erarbeitet werden, und der Weg ist mit vielen Wehwehchen gepflastert. Den Dan eines Kämpfers kann man an der Farbe seines Gürtels erkennen. Sollte Ihnen jedoch jemand mit roten Hosenträgern begegnen, dann heißt das nicht unbedingt, daß er einen Meistertitel trägt.

Catchen

Deckung

De-Ashi-Barai	Darunter versteht man beim Judo den Fußfeger. Dies ist jedoch nicht das Gegenteil eines Handfegers und eignet sich auch nicht zum Kehren einer Treppe. Vielmehr wird diese Technik eingesetzt, um dem Gegner einen Fuß »wegzufegen«, womit man ihn aus dem Gleichgewicht und zu Fall bringt.
Deckung	Die Deckung ist keine tierische Fortpflanzungsart, sondern ein Mittel, sich der Angriffe eines Gegners zu erwehren. Decken Sie zum Beispiel Ihr Gesicht mit beiden Händen gegen Schläge und spüren gleichzeitig ein dumpfes Puffen im Unterleib, dann hat Ihre Deckung wahrscheinlich ein Loch.
Dim-Mak	Der Todesstoß. Er ist dazu geeignet, Steine und andere harte Materialien zu zerbröseln, wird aber auch gerne gegen Dim-Mak-Punkte am Körper des Gegners eingesetzt, um ihm die verschiedensten Klagelaute zu entlocken, falls er dazu außer einem Augendrehen noch Zeit findet. Wer mit einer Zeitung eine Wespe erschlägt, hat allerdings keinen Dim-Mak ausgeführt.
Dim-Mak-Punkte	Besonders wirkungsvolle Stellen am Körper des Gegners. Dazu gehören: Solarplexus, Schläfe, Nasenwurzel (auch Zinken genannt), die kurzen Rippen, die Herzspitze und die Entwässerungsanlage.
Disqualifikation	Strafmaßnahme gegen unsportliche Kämpfer. Sie wird nur bei Wettkämpfen verhängt. Im Straßenkampf gibt es keine Disqualifikationen, da hier nur absolut faire Sportler gegeneinander antreten.

Drittes Auge (Dim-Mak-Punkt)
Auch »Geistiges Auge« genannt. Ist für den ernsthaften Kämpfer ein wichtiges Mittel, um während Konzentrationsübungen mit dem Kosmos in Verbindung zu treten. Mancher Alkoholfreund behauptet jedoch, dazu kein Drittes Auge zu benötigen.

Drohen
Drohen ist eine absolut sinnlose Maßnahme, da so der Gegner vorher gewarnt wird. Im günstigsten Fall verkrümelt er sich, und der Drohende wird so um den Genuß gebracht, einen Bösewicht zu bekehren. Schlimmer ist, wenn der Bösewicht die Drohung ausnutzt und seinen Gegner bekehrt, weil dieser vor lauter Drohen die Dekkung vergißt.

Durst
Durch Flüssigkeitsverlust entstehende Trockenheit im Mund- und Rachenraum. Dieser Defekt tritt meist bei großer Anstrengung (z.B. Training) auf und kann nur durch reichliche Zufuhr von Getränken (Bier, Wein, Likör, im Notfall auch Wasser) behoben werden.

E

Elefant
Eines der Tiere, dessen Angriffs- und Verteidigungstechnik der Ninja sich zunutze macht. Dabei wird der Arm wie ein Rüssel geschwungen und als Schlagwaffe benutzt. Der Versuch, auf diese Weise einem zornigen Elefantenbullen sein Revier streitig zu machen, schlägt jedoch oft fehl. Aber vielleicht interessiert sich dann die Elefantenkuh für den mutigen Kämpfer.

Elefant

Erde

Ellbogen

Wie auch das Knie ist der Ellbogen eine Biegevorrichtung. Er ermöglicht es, den Arm zu knicken und so als harte Schlagwaffe einzusetzen. Wird gerne gegen das Kinn, den Kopf und den Solarplexus geführt. Eignet sich auch zur Unterstützung von freundlichen Bitten wie »Weg da, jetzt komm' ich« etc.

Erde

Eine der Kampftechniken im Nin-Jutsu. Der Kämpfer steht kerzengerade und zeigt somit seine Überlegenheit. Die Bewegungen kommen aus der Hüfte und halten jedem Ansturm stand.
Die Technik eignet sich außerordentlich gut für das Kampftrinken an vollen Kneipentheken. Und zum Schluß liegt der Kämpfer auf der Erde.

Eßstäbchen

Östliches Gerät zur Nahrungsaufnahme, womit die Asiaten den Reis regelrecht in den Mund hineinbaggern. Wie auch beim Kampf müssen dabei die Fetzen fliegen, wenn man es richtig machen will.
Karateanfänger schätzen Eßstäbchen, da sie sich auch hervorragend für Bruchtestdemonstrationen eignen (siehe Bruchtest).

F

Fairneß

Bedeutet, im Kampf nur erlaubte Mittel einzusetzen. Auch wer dem schon reichlich geschundenen Gegner das Kinn hinhält, damit dieser ihm endlich einmal so richtig eins aufs Brötchen buttern kann, ist fair.

Farbe

Der Kampf ist ein farbenfroher Sport. Selbst wenn der Gürtel noch weiß ist, so glänzen meist Augen, Backen und andere Körperteile in herrlichen Nuancen.

Fett

Hinderliche, schwabbelnde Schicht direkt unter der Haut. Bedeutet meist lästiges Mehrgewicht und ist nur dem Sumo-Ringer dienlich. Fettpolster am Gegner sind jedoch willkommene Griffstellen.

Feuer

Eine der Kampftechniken in Nin-Jutsu. Der Kämpfer ist ehrgeizig und entschlossen, sich seines Gegners zu erwehren. Danach brennt meist dessen Schwarte wie Feuer.

Fingerzeichen

Die von den Ninja verwendeten Fingerzeichen haben ihren Ursprung in den Mudra-Handstellungen indischer, tibetischer und chinesischer Geheimlehren. Damit konzentriert sich der Ninja auf Körper, Geist und Rede.
Beispiel: Man zeigt mit dem nackten Finger auf einen angezogenen Mitmenschen und sagt: »Hau ab, oder ich leg' dich auf die Matte!«

Flucht

Nach Verteidigung und Deckung das letzte Mittel, sich einer saftigen Abreibung zu entziehen.

G

Gebißschutz

Der Gebißschutz ist zur Protektion der Zähne entwickelt worden. Er besteht meist aus hartem Kunststoff und wirkt für die Beißerchen wie die Knautschzone fürs Auto: Er dämpft den Aufprall der gegnerischen Faust.
Da der Gebißschutz von innen gegen die Lippen drückt,

Fett

Gegner

läßt er eine Art Schmollmund entstehen, so daß auch die Lippen als Puffer gegen die Schläge dienen. Je öfter der Puffer Schläge abblockt, desto mehr schwillt er an. Das bedeutet, daß mit der Zahl der Schläge auf das Mündchen die Sicherheit für die Zähne steigt.
Der Gebißschutz ist nicht mit einer Zahnspange zu vergleichen, da er keine kieferorthopädische Funktion hat.

Gegner Menschen, die einem an die Wäsche wollen, nennt man Gegner. Ihre Absicht drücken sie meist durch ein grimmiges Gesicht aus. Außer dem Gegner auf der Matte zählen noch folgende Individuen zu der oben beschriebenen Art: Politiker, Ärzte, Steuerbeamte und das andere Geschlecht (?).

Gelb Nach Weiß die erste Farbe, die sich ein Kämpfer redlich verdient hat, auch wenn er danach eher an blauen Flecken leidet.

Geri-Waza Sammelbegriff für die Fußtrittechnik in Karate. Um einen sicheren Stand zu gewährleisten, muß bei der Ausführung eines Geri-Waza das Standbein immer leicht gebeugt und elastisch im Knie sein. Wem allerdings angesichts einer großen Übermacht die Knie elastisch werden und durchweichen, der sollte das, was ihm in den Beinen übriggeblieben ist, zur Flucht nutzen.

Geschmeidigkeit Die Eiche wird vom Sturm geknickt, aber die Weide übersteht ihn, weil sie geschmeidig ist und sich der Kraft beugt. Diesen Umstand macht sich der Ninja zu Nutze. Wer jedoch die Geschmeidigkeit übertrieben trainiert, wird weich wie eine gekochte Nudel im Sahnebad.

Gesichtsmaske	Wie auch der Gebißschutz eine Sicherheitsvorrichtung zum Schutz gegen Verletzungen. Wird auch gerne von Kampfsportlerinnen zur Abschreckung des Gegners aufgetragen und besteht in besonderen Fällen aus Quark und Gurkenscheiben (oder Heilerde, wenn es doch zu Verletzungen gekommen ist).
Gleichgewicht	Durch Konzentration auf den eigenen Schwerpunkt ist es möglich, auch bei auftretenden Turbulenzen nicht umzufallen, sondern das Gleichgewicht zu halten.
Grinsen	Freundlicher Gesichtsausdruck eines Kämpfers kurz vor dem Ausschalten aller Sinne durch einen gezielten Schlag.
Grün	Gürtelfarbe nach Gelb und Orange. Gesichtsfarbe der Seekranken und Zeichen der Hoffnung (hoffentlich – autsch – kommt bald der Gong).
Gtumo	Dies ist das Geheimnis der inneren Hitze, mit der die Ninja oft strenge Fröste in großen Höhen überlebten. Durch geistige Konzentration waren sie in der Lage, mittels Erzeugung innerer Hitze bei sehr niedrigen Außentemperaturen in Eiswasser getauchte Tücher zu trocknen, die sie sich um ihre nackten Körper legten. Den Zustand der inneren Hitze erreicht man jedoch schneller und einfacher mit einer Pulle Korn.
Gürtel	Ein 40 mm breites, 1,80 bis 3,30 m langes Baumwollband, das den Kampfanzug zusammenhält. Die Farbe des Gürtels gibt den Dan an und kann mit der Farbe einzelner Körperteile identisch sein (z.B. Blaugurtträger – blaues Auge, Rotgurtträger – rote Backen etc.).

Gesichtsmaske

Handschuh

H

Handpratze

Trainingsgerät für Kampfsportler, das wie ein überdimensionaler Handschuh aussieht.
Der Trainer zieht die Pratze über seine Hand und läßt den Lehrling dagegen boxen. Dabei sollte der Übende unbedingt vermeiden, unflätige oder gar freche Wörter gegen den Meister auszusprechen, wenn er nicht mit der Handpratze eine gezwiebelt bekommen will. Es gibt auch Trainer, denen eine Handpratze zu klein ist.

Handschuh

Im Bereich des Kampfsports ist nur der Boxhandschuh interessant bzw. von Bedeutung, da in allen anderen Bereichen ohne Handschuh gekämpft wird. Weil die Hand eines Boxers nicht so hart ist wie die eines anderen Kämpfers, wird der Boxhandschuh oft mit Nägeln oder Hufeisen gefüllt.

Handtuch

Schweißaufsaugendes Stoffprodukt, das vom Kämpfer bei Betreten des Rings oder der Matte gerne über den Schultern getragen wird. Nach Anpfiff des Kampfes wird das Handtuch an den Trainer weitergereicht. Sieht dieser während des Kampfes seinen Schützling durch harte Attacken auf den Boden gestreckt, dann hat er die Möglichkeit, mit Hilfe des Tuches den Darniederliegenden gegen weitere Dresche zu schützen. Dazu wirft er mit dem Handtuch nach dem Gegner und verscheucht ihn so aus dem Ring bzw. von der Kampffläche.

Hantel

Hier unterscheidet man die normale Hantel von der Ladyhantel. Während der Kampfsportler mit schweren Gewichten an Eisenstangen seine Muskeln ausbildet und sein Fett verbrennt, dient die weit leichtere Ladyhantel sportlichen Frauen, um sich für das Tragen von Einkaufstüten fitzuhalten.

Hara

Der Japaner versteht darunter den Bauch im wörtlichen Sinn und die Mitte des Menschen im übertragenen Sinn. Hara ist der Schwerpunkt des Menschen, den der ernsthafte Kämpfer durch Konzentrationsübungen trainiert. Bayrische Ureinwohner halten ihren Schwerpunkt auf eine sehr eigenwillige Art und Weise fit, nämlich mit Knödeln, Schweinsbraten und ein paar Maß Bier.

Hatha Yoga

Training zum Vereinen von Körper und Geist. Wird in sitzender oder liegender Haltung durchgeführt, indem man sich bei geeigneter musikalischer Untermalung körperstählende Szenen vorstellt. Da diese Übungen mit geschlossenen Augen praktiziert werden, kann es passieren, daß plötzlich penetrantes Schnarchen die Sitzung stört. Ein solcher Holzfäller muß natürlich geweckt werden. Ein geeignetes Mittel, einen entschlafenen Schüler wieder in die Gemeinschaft zu integrieren, ist die Handpratze.

Herzspitze

Unterer Teil des Pumpmuskels in der linken Körperhälfte. Dim-Mak-Punkt. Ein Schlag in diese Gegend bringt das Herz aus dem Rhythmus und kann den Kurzschluß der inneren Batterie zur Folge haben.

Hinterkopf

Hier sitzt das Kleinhirn, das einem Kämpfer die Möglichkeit gibt, durch einen gezielten Schlag seinen Gegner in Schlaf zu versetzen. Dazu muß dieser sich umdrehen. Dies

Hara

Hua

erreicht man nur durch gemeine Tricks wie: »Kuck mal, hinter dir steht ein Schnullbock und kämmt sich.« Wenn er dann vor lauter Neugier seine Vorsicht vergißt und sich umdreht – zack.

Holz

Neben dem Ziegel- oder Backstein sehr beliebtes Material zur Vorführung von Bruchtests. Normalerweise schlägt ein Kämpfer bei Bruchtests Bretter durch. Aber auch der umgekehrte Weg ist möglich. Dazu bestimmt man einen Freiwilligen aus dem Publikum, der sich zu Demonstrationszwecken zur Verfügung stellt. Sodann drischt man mit einer Latte solange auf den Freiwilligen ein, bis das Holz splittert.

Hosinsul

In einem Taekwon-Do-Wörterbuch findet man unter diesem Stichwort die Übersetzung »Selbstverteidigung«. Antwortet man auf eine ordentliche Backschelle: »Aua, ich hab' doch gar nicht Depp zu dir gesagt«, dann versteht man darunter jedoch kein Hosinsul.

Hua

Sehr wichtige Vokabel bei der Ausübung aller Kampfsportarten. Durch Herauspressen von Luft aus gefüllten Lungen kann die Wirkung eines Schlages oder Tritts erheblich verstärkt werden. Dabei entsteht ein Laut, der wie Hu, Ha oder (wie der Profi ihn verwendet) Hua klingt. Eine weitere Steigerung läßt sich durch reichlichen Verzehr von Knoblauch und Zwiebeln erzielen. So kann der Gegner das Wort Hua nicht nur hören, sondern förmlich die Gefahr riechen.

J

Jin

Jin ist das sechste der neun Fingerzeichen der Ninjas, wodurch es ihnen möglich wird, die Gedanken anderer zu empfangen. Die moderne Technik vereinfacht dies heutzutage durch Abhöranlagen.

Jiu-Jitsu

Alte Art der japanischen Selbstverteidigung. Wird oft an Rentnerstammtischen beim Skat beobachtet.

Jiyu-Kumite

Ist der freie Kampf, eine Technik, die gerne bei Schlachten am kalten Büffet eingesetzt wird.

Judo

Ist die netteste, aber schmerzhafteste Art, jemanden aufs Kreuz zu legen. Diese Kampftechnik besteht in erster Linie aus Würfen, mit denen man sich den Gegner so zurechtlegt, daß ein wirkungsvoller Schlag nachfolgen kann. Bleibt der Gegner jedoch nicht liegen und will zurückhauen, dann: siehe Flucht.

K

Kai

Fünftes Fingerzeichen der Ninjas. Es gleicht den zum Beten gefalteten Händen und verleiht die Gabe, in die Zukunft sehen zu können und mit allem, was lebt, zu harmonieren. Der ungeübte Kämpfer benutzt dieses Fingerzeichen, um um Gnade zu winseln.

Kampf

Tatkräftige Diskussion zwischen zwei oder mehreren Kontrahenten. Wer zuletzt noch auf den Beinen steht (oder zumindest kniet), hat recht gehabt.

Judo

Kampfgeist

Kampfanzug	Wie schon unter dem Stichwort Anzug beschrieben, ist der Kampfanzug eine Bekleidung für Kämpfer. Während Kampfsportler den bequemen Baumwollanzug in Schwarz oder Weiß bevorzugen, findet man in kriminellen Kreisen auch oft den Nadelstreifenanzug mit Schlips zum Festhalten des Gegners.
Kampfgeist	Ist nicht etwa ein prügelfester Knabe aus dem Jenseits, sondern die positive Einstellung eines Menschen zu dem Gedanken, eine Debatte mit tatkräftigen Mitteln durchzusetzen.
Kansetsu-Geri	Stampftritt der Karatetechnik. Er wird hauptsächlich für Attacken gegen das Kniegelenk des Gegners eingesetzt. In bäuerlichen Gegenden wird Kansetsu-Geri auch zur Herstellung von Wein, Sauerkraut und sauren Bohnen benutzt.
Karate	Bedeutet »unbewaffnete Hände«. Dahinter verbirgt sich ein japanischer Kampfstil, der aus Treten, Schlagen und Stoßen besteht. Eine Abwandlung des Karate ist die Kneippkur: Sie besteht aus Wasser-Treten, Bauchvoll-Schlagen und Auf-Stoßen.
Kata	Darunter versteht man die festgelegte Form von Übungen zu Demonstrationszwecken. Wendet man eine eingeübte Kata gegen einen Gegner an, der eine andere Kata auswendig gelernt hat, dann kann es zu herrlichen Überraschungen kommen.
Kendo	Diese Art des Kampfes mit Rohrstöcken war in vergangenen Zeiten unter Paukern sehr beliebt.

Kickboxen	Kampfart, die sich aus den wirkungsvollsten Techniken verschiedener Kampfstile zusammensetzt und sowohl aus Schlagen wie auch aus Treten besteht. Abart des amerikanischen Fußballs und des Rugby.
Kinn	Unterer Teil der Reißmühle, der sich optimal als Angriffsziel anbietet. Während man in den Mund allerlei eßbare Substanzen reinhauen kann, eignet sich das Kinn nur zum Reinhauen von Fäusten.
Kiudo	Jap. Kunst des Bogenschießens. Eignet sich nur bedingt zur Selbstverteidigung, da es problematisch ist, den sperrigen Bogen ständig mit sich zu führen.
Kloster	Umfangreicher Gebäudetrakt, in dem sich geistliche Brüder heimisch fühlen. Da sich asiatische Mönche oft um die wenigen kargen Gaben prügelten, wird das Kloster als solches auch als Ursprung des Kampfsports betrachtet.
Knie	Gelenk zum Anwinkeln der Beine. Das Knie ist ein wirkungsvolles Schlaginstrument. Da sein Aktionsbereich jedoch durch seine niedrige Höhe begrenzt ist, findet es nur Einsatz gegen untere Angriffsflächen des Gegners.
Knochenbruch	Das Brechen eines oder mehrerer Knochen ist eine wirksame Methode, einen Diskussionspartner davon zu überzeugen, daß er unrecht hat und sich besser zurückzieht. Reicht ein einzelner Knochenbruch dazu nicht aus, dann ist eben ein zweiter notwendig.
Knöchel	Dies sind unter anderem die vier kleinen Hügel der geballten Faust, die sich bei Kämpfern durch Training auch zu

Kinn

K.o.

Hornleisten verwandeln können. Obwohl ein Knöchel nur ein »kleiner Knochen« ist, kann er zusammen mit seinen Artgenossen den großen Brüdern, den Knochen, erheblich zusetzen.

K.o.

Abkürzung für Knock out, was wörtlich übersetzt »Ausschlagen« bedeutet. Damit meint man jedoch nicht ein im Sand liegendes Gebiß, sondern das K.o. bezieht sich auf einen Gegner, dem man den Kampfgeist durch Schläge ausgetrieben hat.

Konzentration

Geistiges Mittel, um sich mit Leib und Seele auf einen Kampf oder auch nur auf einen einzelnen Schlag einzustellen. Konzentriert man sich zu lange auf einen Angriff, dann kann es sein, daß man ein Loch in die Luft schlägt, weil der Gegner seinen Standort inzwischen wohlweislich gewechselt hat. In diesem Fall konzentriert man sich am besten auf den Schmerz, der unweigerlich folgt.

Kopfschutz

Ähnelt dem Gesichtsschutz. Er schützt den Kopf, läßt aber das Gesicht frei, um dem Gegner noch ein paar Angriffsflächen zu bieten.

Kraft

Die Wirkung von Schlägen beim Kampfsport hängt nicht nur von der Kraft, sondern auch von der Technik und Geschwindigkeit ab. Kraft wird in erster Linie dazu verwendet, die Hose richtig festzuzurren, damit man sie, aus welchem Grund auch immer, beim Kampf nicht verliert.

Kumite

Vollkontakt-Wettbewerb, der manchen vielleicht auch unter dem Namen »Blutsport« bekannt ist. Da die Kämpfer auch vor dem Kampfrichter nicht haltmachen, wenn sie so richtig in Fahrt sind, sollten sich stets noch einige Ersatzkampfrichter bereithalten.

Kung Fu

Bedeutet wörtlich übersetzt »Harte Arbeit«. Woher der Name kommt? Versuchen Sie doch mal, Kung Fu zu lernen!

Kwon-Taerigi

Dieser Ausdruck ist in der Welt des Taekwon-Do zu Hause und bedeutet Faustschlag mit all seinen Variationen. Die einfachste Form ist, zur Unterstützung von Argumenten so richtig auf den Tisch oder zu Vergnügungszwecken auf den Putz zu hauen.

L

L

Konsonant im asiatischen Sprachgebrauch. Frei übersetzt: RRR.

Luft

Sauerstoffreiches Gasgemisch, das zur Erhaltung aller Lebewesen notwendig ist. Schon mancher mußte jedoch feststellen, daß sie einfach wegbleibt, wenn Schläge bestimmte Körperstellen treffen (z. B. Magen).

Lung-Gom

Tibetischer Trance-Lauf. Diese Technik besteht aus der Vereinigung der Gedankenkonzentration mit verschiedenen Atemübungen. Damit war es dem Anwender möglich, große Strecken zu Fuß zu überbrücken. In Deutschland gibt es heute zahlreiche Menschen, die sich Lung-Gom zunutze machen, wenn sie z. B. erfahren, daß es irgendwo Freibier gibt.

Luft

Mae-Geri

M

Mae-Geri Fußtritt nach vorn in der Karatetechnik. Da in diesem Tritt eine ungeheure Wucht liegt, werden asiatische Fußballteams nicht gerne zu Weltmeisterschaftskämpfen zugelassen, da der Verbrauch an Torwarten und Tornetzen sprunghaft ansteigen würde.

Magen Der Mediziner nennt ihn Stomachus und versteht darunter ein Organ zur Verdauung von Speisen. Der Kampfsportler weiß jedoch auch die Empfindlichkeit dieses Körperteils zu schätzen, weshalb der Stomachus neben Auge und Kinn ein beliebtes Angriffsziel bedeutet. Eine Sequenz von harten Schlägen und Tritten in den Magen kann einen Gegner durchaus zermürben und zur Aufgabe überreden.

Mahayama Buddhistische Lehre, die »das Große Fahrzeug« genannt wird. In seinen Lehren öffnet es einer großen Anzahl von Menschen das Tor zur Erlösung. Hier kann auch der Laie Nirwana erreichen. Ein mit betrunkenen Schlachtenbummlern vollbesetzter Bus hat jedoch nichts mit Mahayama zu tun.

Maitta Frei übersetzt: Bitte nicht mehr hauen, ich will auch ganz lieb sein.

Makiwara Schlagkissen für Reaktions- und Schlagkraftübungen. Wer kein Makiwara besitzt, kann notfalls auf entsprechende Körperteile ungeliebter Nachbarn zurückgreifen.

Makki Der Taekwon-Do-Kämpfer erinnert sich bei dem Wort Makki an das Blocken oder Abblocken von Angriffen jeglicher Art. Frauen bedienen sich dieser Technik, um in Schummerbars gar zu aufdringliche Schmusebärchen abzuwimmeln.

Mantra

Das Mantra ist eine kraftgeladene Silbe oder eine Folge von Silben in der buddhistischen Lehre. Als Form der Meditation wird die ständige Wiederholung von Mantras in vielen buddhistischen Schulen geübt. Eine in unseren Breiten bekannte, wenn auch nur kurze Silbenfolge ist zum Beispiel das Mantra »Hau ab«.

Matte

Weiche Unterlage auf Kampfplätzen. Sie schützt den fallenden Gegner vor Verletzungen. Eine Artverwandte der Matte ist die Matratze. Hier werden Kämpfe ausgeführt, die meistens zu festgesetzten Zeiten stattfinden. Das Startsignal dazu gibt der Wecker, und der Gegner ist ein Wesen, das unter dem Namen »Innerer Schweinehund« bekannt ist.

Mattenbrand

Schmerzhafte Hautabschürfungen an den Gliedmaßen, die durch Rutschbewegungen über rauhe Matten entstehen (z. B. wenn ein Kämpfer kriechend von der Matte flüchtet, um weiteren Hieben zu entgehen).

Medaille

Metallische Auszeichnungsplakette für erfolgreiches Verprügeln eines oder mehrerer Mitmenschen während nationaler oder internationaler Veranstaltungen.

Meditation

Ein in asiatischen Lehren weitverbreitetes Mittel, um zu sich selbst zu finden. Geübte Anwender sind in der Lage, größte Schmerzen durch Meditation auszuschalten. Anwendungsbeispiel: In der überfüllten U-Bahn steht

Matte

Mönch

einem Finanzbeamten von 52 Kilogramm Lebendgewicht ein Sumo-Ringer (mindestens 130 Kilogramm) auf dem großen Zeh.

Memme

Anderes Wort für Angsthase, Weichling. Die egoistische Einstellung verbietet es der Memme, einen Gegner zu verdreschen. Sie zieht es vor, selbst eine saftige Tracht Prügel zu genießen.

Moa-Sogi

Geschlossene Stellung im Taekwon-Do. Die Fersen und Zehen beider Füße berühren sich. Diese Stellung dient vor allem dem Grüßen. Sie kann auch eingenommen werden, um einen kirchlichen Segen zu empfangen.
Hebt jedoch in einer Rockerkneipe ein lederumhüllter Gast die Faust gegen einen, dann sollte man zuerst einmal klarstellen, ob er segnen oder hauen will. Ist letzteres der Fall, dann empfiehlt sich, Moa-Sogi sofort aufzugeben.

Mönch

In Kutten gekleideter Klosterbewohner, der sein Dasein mit Beten und Singen verschönt. Während westliche (christliche) Mönche ihren Leib mit schmackhaften Nahrungsmitteln pflegten, taten östliche (buddhistische) Glaubensbrüder mit Kampfsport etwas für ihre Figur. Die wohl bekanntesten schlagkräftigen Geistlichen waren die Shaolin-Mönche. Sie galten als Kung-Fu-Spezialisten, während sich die dickbäuchigen Bierbrüder aus europäischen Klöstern nicht einmal mehr als Sumo-Ringer bewährt haben.

Morote-Zuki

Diese Technik ist dem Karatekämpfer als doppelter Fauststoß bekannt. Dabei werden beide Fäuste gleichzeitig nach vorn gestoßen. Wurde von chinesischen Einwanderern nach Amerika gebracht, um doppelflügelige Saloontüren wirkungsvoll zu öffnen.

Mudra

Unter Mudra versteht man unter anderem die neun Fingerzeichen der Ninja. Dazu werden die Finger beider Hände auf eigenartige, dem westlichen Menschen unverständliche Weise verknotet, was in Verbindung mit einem Mantra (siehe dort) zu den verschiedensten Wirkungen führt. Bekanntestes westliches Mudra ist das Vogelzeigen, wobei das Mantra »Du hast se wohl nicht alle« rezitiert wird.

Muskeln

Wichtiger Bestandteil des menschlichen Körpers, wodurch erst Bewegungen und Kraftaufwendungen möglich werden. Der Kämpfer bedient sich ihrer, um damit Gegner zu vermöbeln, während der Bodybuilder sie zum Protzen und zum Tragen schnuckeliger Mädels über Türschwellen benutzt.

N

Nerven

Feine Reizleiter im Körperbau von Menschen und Tieren, die eine wichtige Funktion übernehmen. Sie signalisieren dem Gehirn, daß an einer Stelle des Körpers »etwas nicht in Ordnung ist«. Wie eine solche Information im Körper eines Kampftechnikers verarbeitet wird, soll folgendes Beispiel veranschaulichen:

Ein Kämpfer steht auf der Matte und konzentriert sich auf den bevorstehenden Kampf, während ihm eine gegnerische Faust ins Mahlwerk flutscht. Dadurch werden die

Muskeln

Niederlage

Nerven im Bereich der Lippen stimuliert. Das Gehirn empfängt die Information »Vorsicht, Haue« und aktiviert seinerseits die Fäuste loszulegen, um weitere Informationen der oben genannten Art abzublocken.

Niederlage

Bequeme Stellung, die ein Kämpfer einnimmt, um dem Gegner mitzuteilen, daß er für weitere Prügel keine Lust mehr hat. Das Wort Niederlage ist sprachlich verwandt mit »Darniederliegen« und hat damit auch optisch manchmal eine gewisse Ähnlichkeit.

Ninja

Schattenkrieger. Ninjas beherrsch(t)en die 1200 Jahre alte Kampftechnik Nin-Jutsu, die sich die Angriffs- und Verteidigungstechniken von zahlreichen Tierarten zu Nutze macht. Die Bewegungen können sowohl hart (Steinschlag) als auch weich (Schlange) sein. Im Repertoire der tierischen Techniken fehlen jedoch Wesen wie Angsthase, Faultier, Kojote, Skunk und Wurm.

Nukite

Diesen Ausdruck findet man in der Karatetechnik. Er bedeutet Fingerspitzenstoß. Er richtet sich vor allen Dingen gegen weiche Teile wie Augen, Hals, Solarplexus etc. Diese Technik wurde von einem Amerikaner ins Leben gerufen. Sein Name war Stan Laurel. Er hatte Nukite oft gegen seinen Partner Oliver Hardy eingesetzt, indem er seinen dürren Finger gnadenlos in Ollies Augenhöhle versenkte.

Nunchaku

Zwei mit einer Kette verbundene Holzstöcke für Angriff und Verteidigung. Dem Anfänger werden Sicherheitsnunchakus empfohlen, wenn er nicht in den Genuß eines K.o. kommen will.

O

Obi Siehe Gürtel.

Orange Orange ist eine Gürtelfarbe und gliedert sich nach Gelb in die Reihe der Dans ein. Der Träger eines orangefarbigen Gürtels will dem Gegner sagen: »Nicht so fest drauflosdreschen. Ich habe heute meinen Obsttag und bin reichlich geschwächt.«

P

Palkup-Tulki Ellbogenstoß beim Taekwon-Do. Eignet sich vorzüglich zum Vorwärtsrempeln beim Schlußverkauf im Kaufhaus oder auf der Karriereleiter.

Profi Im Gegensatz zum Anfänger oder Amateur wird der Profi dafür bezahlt, daß er sich abschwarten läßt. Aber auch nichtprofessionelle Kämpfer nennt man Profis, wenn sie sehr gut sind. Dazu gehört auch, daß man sich seinen Schmerz nicht anmerken läßt.
Ein Profi bleibt mit gebirgsbachkalter Miene stehen und rührt sich nicht, selbst wenn ein Mantafahrer mit dem Vorderreifen seiner Schüssel auf seinem Fuß parkt und ihn nach dem Weg zum nächsten Friseurladen fragt.

Punching Ball Trainingsgerät für Kampfsportler zur Fitneßerhaltung. Hat nichts mit Punsch zu tun, obwohl ein lebender Punching Ball nach dem Training sich fühlen mag, als hätte er reichlich davon zu sich genommen.

Palkup-Tulki

Raubkatze

Pyo

Das zweite der neun Fingerzeichen der Ninjas. Dazu werden die Hände gefaltet, und die beiden Mittelfinger bilden einen Bogen, durch den die Zeigefinger hindurchgesteckt werden. Das Falten dieses Mudras erfordert einige Übung.
Der Ninja benutzt dieses Fingerzeichen, um mit Hilfe der Energieströme die körpereigenen Kräfte anzuregen, z. B. um den bei »Profi« beschriebenen Manta von seinem Fuß zu heben, weil der Fahrer nicht mehr in der Lage ist, ihn wegzufahren.

R

Raubkatze

Die Technik der Miezekatzen (Löwe, Panther, Stubentiger) ist Bestandteil des Repertoires eines Ninjas. Dazu werden die Finger wie Krallen ausgefahren, bevor mit harten, tatzenähnlichen Schlägen attackiert wird.
Ein Mädchen, das sich mit Kratzen und Beißen wehrt, wenn ihm ein hübscher junger Mann mit einer zackigen Verbeugung die Hand küssen möchte, weiß jedoch nichts von der Technik der Raubkatzen.

Rei

Karate: der Gruß. Mit Rei begrüßen sich zwei Gegner auf der Matte, bevor die Fetzen fliegen. Die freundliche Verbeugung bedeutet soviel wie: »Gleich hau' ich dir eine rei(n).« Danach können sich die Gegner meist nicht mehr leiden.

Reis

Wichtigstes Nahrungsmittel in fernöstlichen Gefilden. Um ihn mit Eßstäbchen verzehren zu können, muß er klumpig und pappig sein. Der zivilisierte »Parboiled«-Reis eignet sich dazu nur begrenzt, da es sehr mühsam ist, die Reiskörner einzeln mit den Stäbchen aufzupicken. Kämpfer, die ihre Zähne auf der Matte liegengelassen haben, bevorzugen Reisbrei.

Retsu

Das siebte Fingerzeichen der Ninja. Dabei wird der linke Zeigefinger von der rechten Faust umgeben. Das Mudra gibt dem Ninja symbolisch die Möglichkeit, Raum und Zeit zu überwinden. Würde der Anfänger dieses Mudra beherrschen, so könnte er sich damit verkrümeln, wenn die Situation brenzlig wird.

Riken-Uchi

Menschen, die der japanischen Sprache mächtig sind, erkennen darin den Schlag mit dem Faustrücken. Wie aber weiß man, ob der Gegner einen Riken-Uchi ausgeführt hat? Ganz einfach: Angenommen, man greift einen Karatekämpfer mit einem normalen Faustschlag an, der Gegner fängt den Schlag ab und zimmert einem seine Faust unter das Kinn oder an die Schläfe. Dann sagt man einfach zu ihm: »Riken-Uchi?« Nickt der Gegner daraufhin, dann war es ein Schlag mit dem Faustrücken. Schüttelt er jedoch den Kopf, dann handelte es sich sehr wahrscheinlich um einen Schlag der Gattung Zuki (Fauststoß).

Rin

Rin ist das erste Fingerzeichen der Ninja. Man faltet eine Faust und stellt die beiden Zeigefinger senkrecht auf. Rin hilft dem Anwender, körperliche Kraft zu entwickeln, die

Riken-Uchi

Ringrichter

von der geistigen Aktion geleitet wird. Wer damit nicht zurechtkommt, sollte auf Hanteln zurückgreifen.

Ringen

Beim Ringen werden keine Schläge ausgeführt. Das Ziel besteht vielmehr darin, einen Gegner richtig zu packen und auf die Erde zu werfen. Liegt der Gegner, dann ist er so zu sperren, daß er sich aus eigener Kraft nicht mehr aus seiner Lage befreien kann. Damit es dem Untenliegenden in seiner meist unbequemen Lage nicht zu langweilig wird, kann man ihn mit Kitzeln bei Laune halten. Wenn er dann vor lauter Vergnügen lacht, kann man sicher sein, daß es ihm gefällt.

Ringrichter

Diese Art von Kampfrichtern ist nur bei Kämpfen zu finden, die in einem Ring stattfinden, z. B. Boxen, Catchen oder Ringen. Er muß die Regeln kennen und bis zehn zählen können. Das bedeutet, er hat mehr Grips als ein Auktionator, der nur bis drei zählen kann.

Rippen

Gebogene Knochen, aus denen der Brustkasten eines Menschen oder Wirbeltieres besteht. Sie schützen die inneren Organe wie Herz oder Lunge, können aber bei allzu enthusiastisch ausgeführten Würfen leicht zu Bruch gehen.

Rochen

Auch der Rochen, ein Meeresbewohner mit einem elektrischen Schwanz, findet einen Platz in der Liste der Kampftechniken eines Ninja. Dabei wird mit weichen Bewegungen der Hand der Schwanz des Rochen nachgebildet und blitzschnell zugestoßen. Dieser »falsche« Schwanz ist jedoch nicht elektrisch. Kämpfer, die ihn täuschend echt simulieren wollen, haben oft eine Autobatterie dabei, die sie in einem Rucksack auf dem Rücken tragen. Umweltbewußte Kämpfer richten sich eine Solaranlage auf dem Rückgrat ein.

Rot-Weiß Die Farben eines Kampfsportclubs aus Essen, Ruhrgebiet.

S

Säge Nicht nur Tiere, sondern auch Werkzeuge finden Anwendung in der Kampftechnik des Ninja. Dazu gehört auch die Säge. Da es jedoch reichlich mühsam ist, ein solches Instrument ständig bei sich zu tragen, wird die Hand als eine solche benutzt. Die Finger bedeuten dabei die Sägezähne.

Für das Durchsägen von Holz erweist sich diese Schlagtechnik jedoch als sehr unkomfortabel. Will der Ninja ein Grillfeuer anzünden, dann sägt er die Äste nicht mittels seiner Finger durch, sondern er bedient sich der Technik eines Bibers, der die Äste durchlutscht.

Sai Der Sai ist eine Stichwaffe mit seitlich ausladenden Schwertfängern, die es dem Ninja erlauben, auch die Angriffe von mit Hieb- und Stichwaffen ausgerüsteten Gegnern abzuwehren. Der Sai ähnelt im Aussehen einem Grillspieß und kann auch als solcher benutzt werden. Ein auf dem Sai steckendes Hähnchen behindert jedoch oft die Abwehr gegen hungrige Samurai.

Sandsack Ein aus Leder oder Segeltuch bestehendes Behältnis, das mit verschiedenen Materialien gefüllt werden kann (z. B. mit Schaumgummi für den Anfänger oder mit Pflasterstei-

Säge

Schlange

	nen für den Profi). Der Sandsack ist der ideale Trainingspartner, da er nicht zurückschlägt.
Schattenboxen	Wer glaubt, es handle sich dabei um gegen Sonne abgeschirmte Pferdeställe, sollte unter Tai Chi nachsehen.
Schläfe (Dim-Mak-Punkt)	Die Schläfen befinden sich in Höhe der Augen am seitlichen Kopf. Sie sind ungeschützte Stellen zwischen den Wangenknochen und der Schädeldecke, und sie sind nicht von Knochen überzogen. Ein deftiger Schlag gegen die Schläfe schaltet sämtliche Sinne eines Gegners aus und schickt ihn zum Schlafen, woraus wohl das Wort Schläfe resultiert.
Schlange	Die geschmeidigen Bewegungen einer Schlange macht sich der Ninja zunutze, indem er mittels seiner Arme dieses Tier nachbildet. Sie eignet sich zur Abwehr von gegnerischen Attacken, aber auch zum Schlagen gegen Partien oberhalb der Schultern. Ein ausgeleierter Ellbogen ermöglicht das naturgetreue Nachbilden einer Klapperschlange.
Schmerz	Reaktion eines Körpers auf einen Treffer. Er wird dem Gegner durch Laute wie Aua, Autsch, Hei oder auch Uiuiui bekanntgegeben, damit dieser weiß, daß er richtig getroffen hat. Folgt auf eine kräftige Schelle keiner dieser Laute, dann war der Schlag entweder zu leicht (wenn der Gegner noch steht) oder sehr wirkungsvoll (wenn der Gegner die senkrechte Haltung verläßt und die waagrechte einnimmt).
Schnelligkeit	Eine im Kampfsport sehr wichtige Komponente. Sie verhindert, daß der Gegner frühzeitig reagieren und abweh-

ren kann. Aber nicht nur der Angriff sollte schnell passieren, sondern auch der Rückzug, wenn man feststellt, daß der Gegner sich von schnellen, kraftlosen Schlägen nicht überzeugen läßt.

Schwarz Die Gürtelfarbe mit dem höchsten Rang. Schwarz signalisiert das Endgültige, das über alles Erhabene. Ein Kämpfer, der den Schwarzgurt trägt, will dem Gegner sagen: »Buh, ich bin der Tod.«

Schweiß Feine, salzhaltige Lösung, die durch Anstrengung (oder Angst) auch aus durchtrainierten Leibern heraustritt.

Schwitzkasten Nennt man die unbequeme Stellung, die man mit dem Kopf in der Armbeuge des Gegners verbringt. Sie zeichnet sich durch wenig Luft und viel Schwitzen aus. Wird gerne angewandt, um einem erkrankten Kameraden den Grippevirus auszutreiben. Hat man so den Infekt überstanden, dann kann man seinen Kumpel mit der neugewonnenen Kraft für seine nette Hilfe übers Knie legen.

Selbstverteidigung Es kann vorkommen, daß man auf Straßen oder in Kneipen von zwielichtigen Gestalten eines Vergehens beschuldigt wird (»He, du hast mein Bier umgestoßen« oder »Hast du mich absichtlich angerempelt?«). Der Tonfall, den der Kläger dabei benutzt, läßt meist schnell vermuten, daß man einen Beweis für die Unschuld herbeizubringen hat. Nun ist es jedoch nur selten der Fall, daß man von seinem Anwalt oder Verteidiger begleitet wird, so daß eben nur eine Selbstverteidigung in Frage kommt. Dazu ist es angemessen und ratsam, dem Kläger zunächst einmal mit der Faust den Mund zu verschließen, damit er nicht noch mehr

Selbstverteidigung

Shiai-Jo

Anklagen hervorbringen kann. Danach verteidigt man sich selbst, und zwar so, daß der Kläger mit Freuden seine Anklage zurückzieht.

Semikontakt

Wie beim Handkuß der hohen Wiener Schule wird auch bei Semikontakt nur angedeutet. Man führt zwar einen Schlag aus, stoppt aber kurz vor dem Ziel ab. Beugt der Gegner sich jedoch vor, um zu sehen, wo die Faust bleibt, dann hat er eben Pech gehabt, wenn es doch zur Ausführung kommt.
Semikontakt wird nur bei Schaukämpfen angewandt. Im Fall von Selbstverteidigung wählt man Vollkontakt, weil der Kläger sonst die Argumente nicht gelten läßt.

Seoi-Nage

Der Judokämpfer versteht darunter den Schulterwurf. Der Gegner wird gepackt und mit Schwung über die Schulter gezwirbelt. Seoi-Nage wird auch gerne benutzt, um gewichtige Kartoffelsäcke über enge Treppen in tiefe Keller zu wuchten.

Sha

Ist das vierte Fingerzeichen der Ninja, wobei die Finger regelrecht verknotet werden. Damit ist es möglich, sich selbst zu heilen. Wer etwas gegen den Schwitzkasten hat, sollte Sha benutzen.

Shiai-Jo

Mit diesem Ausdruck beschreibt man die Kampffläche beim Karate. Diese Kampffläche kann sehr eng sein (Aufzug), aber auch sehr weit (ein ganzes Stadtgebiet, was für manche immer noch zu eng sein kann). Wer Shiai-Jo unerlaubt verläßt, bedient sich der Flucht, weil er eingesehen hat, daß der Gegner sowieso keine Chance hat.

Shidoshi	Folterknecht, der einen Lehrling so lange quält, tritt, haut, streckt und verbeult, bis dieser selbst imstande ist, einen Lehrling zu quälen, treten, hauen, strecken und zu verbeulen. Hat er dieses Stadium erreicht, dann ist er selbst ein Meister, ein Shidoshi.
Shuriken	Wurfsterne nennt man Shuriken. Damit ist es möglich, einen flüchtigen Gegner höflichst zu bitten, auf die Kampffläche zurückzukommen, weil man gerne noch ein wenig weitermachen würde.
Shuto-Ushi	Nennt man den Handkantenschlag in Karate. Es ist wohl die bekannteste Schlagtechnik, die auch der Laie kennt, und sie wird gerne gegen Hals, Genick und Kopf eingesetzt, um den Gegner außer Gefecht zu setzen. Shuto-Ushi ist ein perfektes Mittel, um Schlafstörungen zu beheben.
Sieg	Gegenteil von Niederlage. Wer nach einem Kampf die wenigsten blauen Flecken und Knochenbrüche hat und vor allen Dingen noch steht, wird in der Regel als Sieger bezeichnet.
Skorpion	Giftiges, stachelbewehrtes Biest, dessen Angriffstechnik der Ninja beherrscht. Dabei wird der Daumen beider Hände als »Stachel« eingesetzt. Er wird dazu benutzt, dem Gegner lose Gegenstände wie Knöpfe oder Hosenträger abzureißen.
Solarplexus (Dim-Mak-Punkt)	Diese Stelle, im Volksmund auch Dreieck genannt, liegt unterhalb des Brustbeins. Da sich dahinter der Magen befindet, regen Schläge in diese Gegend die Verdauung an.

Sieg

Sparringspartner

Spagat	Diese Übung beschreibt das Spreizen der Beine in einem Winkel von 180 Grad. Sie erfordert viel Training. Ein ungewollter Spagat (z. B. durch Wegtreten des Standbeins) kann den Traum von einer Großfamilie zunichte machen, wenn man ihn nicht vollends beherrscht.
Sparringspartner	Lebendiges Trainingsgerät für Kampfsportler. Der Verbrauch eines Profis an Sparringspartnern liegt bei etwa dreißig pro Stunde. Da lebende Sparringspartner schnell ermüden und so das Training aufhalten, bevorzugen viele Profis den Punching Ball.
Stein	Hartes, totes Gebilde, das aus verschiedenen Materialien bestehen kann. Der Ninja bildet einen solchen Stein mit der Faust nach, womit er dann tüchtig drauflosdrischt. Ein schnelles Wirbeln der Fäuste kommt einem Steinschlag gleich. Ein Verkehrsschild, das auf Steinschlag hinweist, sollte insofern ernstgenommen werden, als man von dort keine Anhalter mitnimmt, die schwarz gekleidet sind und grimmig durch die Sehschlitze ihrer Maske stieren.
Stellung	Je nach Situation nimmt der Kämpfer verschiedene Stellungen ein. Sie sind davon abhängig, welchen Einsatz man als nächstes plant (zum Beispiel Abwehr oder Angriff). Sie können aber auch dazu benutzt werden, einen Gegner in eine Falle zu locken. Stellt man sich breitbeinig vor den Gegner, dann signalisiert man ihm: »Kuck mal, da unten ist offen.« Holt dieser dann weit aus zum Schlag oder Tritt, dann ist man darauf gefaßt und kann sich auf den Tritt einstellen. Vorschlag: Man dreht sich blitzartig um und streckt ihm das Hinterteil entgegen.

Sterne

Sie tauchen plötzlich in unendlicher Zahl auf und bieten dem Betrachter ein Bild unbekannter Farbenfreude. Da jedoch ebenfalls die Augen schmerzen, ist diese Freude leider nicht ganz ungetrübt. Deshalb verzichten viele Kämpfer auf den phantastischen Anblick und ziehen es vor, die Augen gegen Faustschläge zu schützen. Wenn man dann doch noch getroffen wird, kann man immer noch die Farben genießen.

Stirnband

Woll- oder Baumwollband, das sich manche Kämpfer um die Stirn binden. Es hat schweißaufsaugende Eigenschaften und kann mit allerlei Motiven bedruckt sein. Sie geben Aufschluß über den Kampfstil, den der Besitzer beherrscht, so daß man sich darauf einstellen kann. Die neueste Kollektion von Stirnbändern gibt es mit den Aufschriften »Anfänger«, »Fortgeschrittener« und »Blindgänger«.

Straßenkampf

Der Straßenkampf zählt nicht zum Kampfsport im klassischen Sinne. Wettkämpfe finden meist auf Straßen oder großen Plätzen statt, wobei der Gegner oft aus grüngekleideten Jungs im Dienste der Staatsgewalt besteht. Der Straßenkampf ist ein beliebter Kampfstil bei Demonstrationen gegen Milchpreiserhöhungen.

Sudo-Taerigi

Aus Taekwon-Do: der Handkantenschlag. Er ähnelt dem Shuto-Ushi des Karatekämpfers und wird mit Vorliebe dazu benutzt, alte Kumpels zu begrüßen.

Sukui-Nage

Ist dem Judoka als Schaufelwurf bekannt. Dazu packt man den Gegner von hinten an den Oberschenkeln und wirft ihn

Stirnband

Sumo-Ringer

über die eigene Hüfte um. Meist kommt der Angreifer dabei mit zu Fall. Sukui-Nage ist hervorragend für Hochzeitspaare in den Flitterwochen geeignet.

Sumo-Ringer Gewichtige japanische Ringer. Besondere Kennzeichen: Haarknoten und Lendenschurz. Wichtigste Übung beim Training: durch reichliche Nahrungsaufnahme die Fettschicht unter der Haut anreichern.

Suzuki Mit Zuki beschreibt der Karatekämpfer die Stoßtechnik. Mit einem Suzuki besteht die Möglichkeit, Gegner im Straßenkampf vom Asphalt zu schubsen.

T

Tabi Asiatischer Stiefel-, Kampf- und Kletterschuh, der mit einer speziellen, gut haftenden Gummisohle ausgestattet ist. Die Zehenreihe ist in der Mitte gespalten, was dem Träger eine gewisse Ähnlichkeit mit einem Zweizehenfaultier verleiht. Auch an Tiere mit gespalteten Hufen, wie zum Beispiel das Lama, erinnert dieser Schuh. Ob ein mit Tabis bekleideter Mann jedoch ein Kampfspucken gegen ein solches Tier gewinnen würde, ist ausgesprochen fraglich.

Taekwon-Do Koreanischer Kampfsport. Er setzt sich aus den Begriffen Tae (Kämpfen mit den Füßen), Kwon (wörtlich: Faust) und Do (Art und geistiger Gehalt des Sports) zusammen. Der Name resultiert aus folgender Überlegung: Es sollte sofort zu erkennen sein, daß Hände und Füße als Waffen eingesetzt werden.

Taekwon-Do ist in vielen südeuropäischen Gefilden heimisch, wo mit Händen und Füßen geredet wird.

Tai Chi Schattenboxen als Ausgleichstraining für alle Kampfsportarten. Den größten Effekt erzielt man beim Verdreschen von Schattenkriegern (Ninjas). Achtung: Vorher unterschreiben lassen, daß er nicht zurückhaut, sonst: siehe Knochenbruch.

Tai-otoshi Dieser Begriff kommt aus dem Bereich des Judo und bedeutet Körperwurf. Die Technik wird hauptsächlich an Silvester angewandt, um Knallkörper in die Luft zu werfen.

Tal der Schmerzen Das Tal der Schmerzen ist keine verruchte Gegend in einem deutschen Mittelgebirge, sondern ein Stadium auf dem Weg zum perfekten Kämpfer. Es dient zur Abhärtung gegen unangenehme körperliche Gefühle durch Schläge und ähnliches. Dazu geht man am besten in eine Diskothek und bittet einen Nieten- und Lederfan, auf einen loszudreschen, während man sich vorstellt, daß man die Schläge nicht spürt. Haut der Nietenmann nicht freiwillig zu, dann muß man ihn höflich dazu überreden. Dabei kann es leicht geschehen, daß der Rocker durch das Tal der Schmerzen marschiert, was eigentlich gar nicht vorgesehen war.

Tatami Siehe Matte.

Tiefschlag Tiefschläge sind in fairen, seriösen Wettkämpfen unerlaubt, da sie unter der Gürtellinie einigen Schaden anrichten können. Um so wirkungsvoller erweisen sie sich bei ernsten Meinungsverschiedenheiten unter Freunden.

Tal der Schmerzen

Trainer

Dazu muß man dem Gegner nicht unbedingt die Faust ins Juchhe wuchten. Auch Kniescheiben und die Menisken sind willkommene Ziele (Vorsicht bei Holzbeinen).

Toh Drittes Fingerzeichen der Ninja, welches die Fähigkeit entwickelt, sich harmonisch zum Lauf des Universums zu bewegen. Das bedeutet auch, daß man auf einen gegnerischen Angriff eingeht und so sein Ziel erreicht. Das heißt jedoch nicht, daß man dem Gegner die linke Backe hinhält, wenn die rechte schon schön warm ist.

Tonfa Waffe der Ninjas und anderer fernöstlicher Kämpfer. Sie besteht aus einem Stück hartem Holz, das an einer Seite mit einem Griff versehen ist, wodurch man beim Anblick an eine Krücke erinnert wird. Der Sage nach soll diese Waffe aus einer Sense entstanden sein. Sicherlich ist da etwas Wahres dran. Faßt man die Waffe am Griff und läßt sie z. B. in einer überfüllten Kneipe kreisen, dann wird man überrascht sein, wie schnell man auf diese Weise ein paar Jungs ummähen kann. Ein Tonfa schafft Platz an jeder Theke und sollte im Gepäck eines Frühschoppenfreundes nicht fehlen.

Trainer Er ist der Mann (oder die Frau), der (die) aus Welpen Kampfhunde macht.

Tsatsiki Griechische Joghurtspeise, die durch Gurken, Zwiebeln, Kräuter und vor allem Knoblauch schmackhaft gemacht wird. Wird gerne von Kämpfern gegessen, bei denen der Gebißschutz versagt hat.

Ushi-Gari

U

Uchi-Waza

Beschreibt die Schlagtechnik in Karate als solche. Sie wird durch eine Schnappbewegung aus dem Ellbogen heraus eingesetzt. Dabei beschreibt man einen Halbkreis.
Uchi-Waza ist jedem Mantafahrer bekannt. Er benutzt die Technik, um dem Freund oder der Freundin die Hand vor die Brust zu knallen und zu sagen: »Hab' ich nicht ein geiles Auto?«

Uke-Waza

Stammt ebenfalls aus dem Bereich Karate und beinhaltet die Abwehrtechnik. Sie wird von der Freundin des Mantafahrers benutzt, wenn dieser in Verbindung mit Uchi-Waza auf sein geiles Auto hinweisen möchte.

Ushi-Gari

Ist dem Judokämpfer als Innensichel ein Begriff. Diese Technik ist besonders für kleinere Anwender geeignet, die sich gegen größere Kämpfer wehren müssen. Sie verlangt einen starken, von unten kommenden Stoß an das Kinn des Gegners in Verbindung mit einem Wurf.
Tip für kleine Leute, die gegen einen richtigen Riesen kämpfen müssen: Der Schlag muß ja nicht unbedingt ans Kinn gehen, wenn Sie nicht drankommen...

Ushi-Mata

Auch dieser Ausdruck ist in der Welt des Judo zu Hause und bedeutet Schenkelwurf. Dazu klemmt man dem Gegner einen Schenkel zwischen die Beine und wirft ihn über die Hüfte.
Dieser Wurf hat auch schon Einzug in die dem Judo verwandte Sportart »Rock'n'Roll« gehalten.

V

Verteidigung

Es kann vorkommen, daß man nicht (nur) sich selbst verteidigen muß. Wird man zum Beispiel von einer Person begleitet, die von irgendeinem Rüpel belästigt oder gar bedroht wird, so kann man ruhig deren Verteidigung übernehmen, wenn man die besseren Argumente hat. Hierzu eignen sich alle bekannten Kampfsportarten. Da man so in den Genuß eines kostenlosen Trainings kommt, kann man gleichzeitig etwas für die Figur tun.

Aber nicht nur Personen können verteidigt werden, sondern auch Gegenstände. Denn oft ist es notwendig, sein Auto vor den gefürchteten Zettelschreibern zu schützen, die das schuldlose Wägelchen mit Drohbriefchen bepflastern wollen.

Violett

Ist eine Gürtelfarbe. Sie kommt als zweithöchster Rang vor Schwarz. Ein violetter Gürtel wird gerne in der kirchlichen Fastenzeit getragen und signalisiert dem Gegner: Ich will Buße tun. Würdest du mir bitte rasch die Absolution erteilen?

Vollkontakt

Im Gegensatz zum Semi-Kontakt werden hier die Treffer am gegnerischen Korpus nicht nur angedeutet, sondern auch ausgeführt. Daher gibt es bei Vollkontaktwettbewerben außer dem Punktsieg auch den K.o.-Sieg.

Bei Meinungsverschiedenheiten in Kneipen oder auf Volksfesten ist Vollkontakt der Semi-Version vorzuziehen, da der Gegner sonst unter Umständen im Vorteil sein könnte.

Verteidigung

W

Wasser

Eine Kampftechnik der Ninjas. Hierbei ist der Kämpfer ständig in Bewegung. Er weicht dem Angriff aus und nutzt jeden ihm zur Verfügung stehenden Raum für seine Techniken aus. Dabei kann es vorkommen, daß der Körper durch erhebliches Schwitzen und (durch Angst verursachte) Schließmuskelschwäche reichlich Wasser verliert.

Weiß

Dies ist die unterste Stufe der Gürtelfarben. Sie läßt den Anfänger erkennen. Der Weißgurtträger ist noch unschuldig und voller Freude. Er hat noch keinen Gegner bezwungen und weiß nicht, was auf ihn zukommt. Erst nach einer gehörigen Tracht Prügel, bei der es ihm hundeelend wird (Vorstadium der Gelbsucht), hat er sich den gelben Gürtel verdient.

Weltmeister

Ist derjenige, dem niemand auf der Welt ungestraft eine runterhauen darf (außer seiner Mama, wenn er seine Suppe nicht aufgegessen hat).

Weltmeisterschaft

Volksbelustigende Veranstaltung, bei der sich die Teilnehmer gegenseitig durchschwarten. Ziel ist es, denjenigen ausfindig zu machen, der hinterher nicht mehr verhauen werden darf (außer vielleicht von seiner Frau, wenn er zu spät aus der Kneipe kommt. Aber die Frau ist ja auch bewaffnet – mit einem Nudelholz oder einer Bratpfanne).

Wind

Eine der Kampftechniken der Ninjas. Der Kämpfer reagiert ausschließlich defensiv. Er ist bestrebt, sich selbst zu schützen, ohne den Gegner ernsthaft zu verletzten, was jedoch nicht immer gelingt.

Weltmeister

Yoga

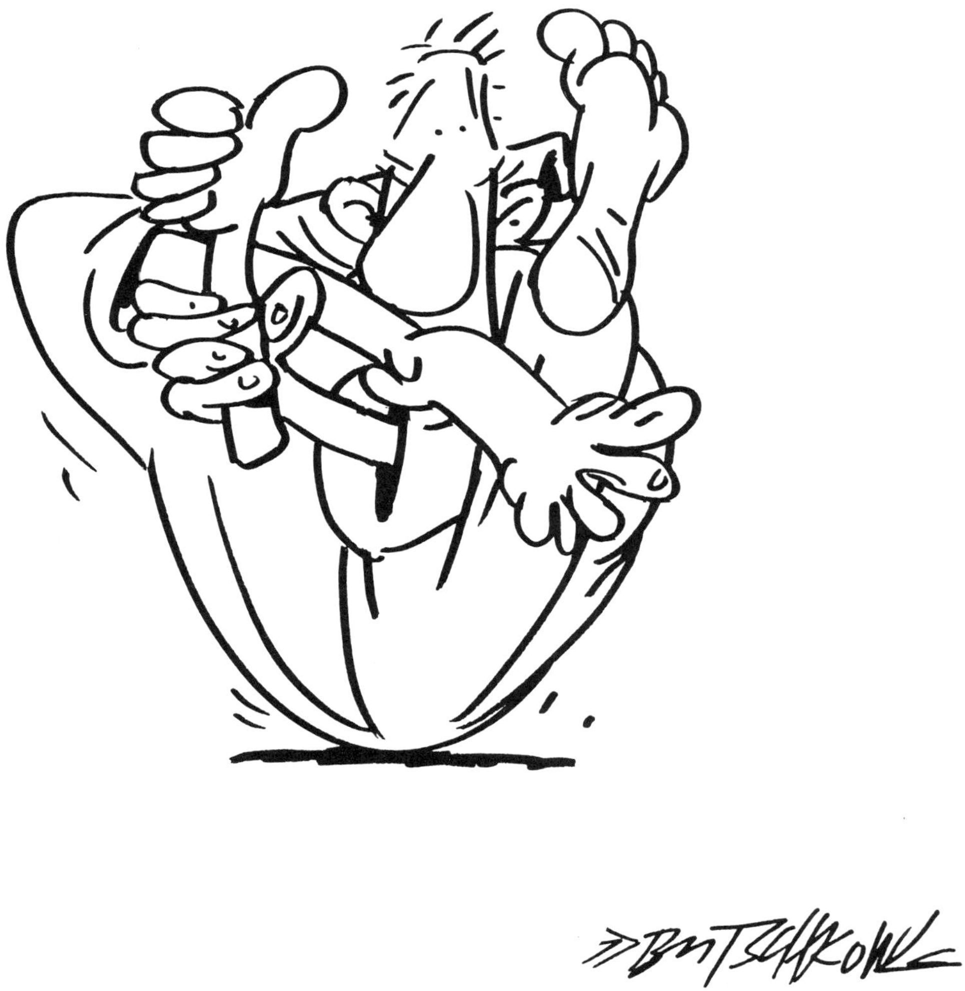

Y

Yang

Teil des Begriffspaares Yang und Yin. Es beschreibt alle nur möglichen Gegensätze wie:

Yang	Yin
positiv	negativ (im Sinne von Potential)
Mann	Frau
Kosmos	Erde
Körper	Geist
plus	minus

Dabei ist Yang das männliche Element. Daß dies jedoch nicht immer der stärkere Teil ist, zeigen nachfolgende Beispiele:

Yang	Yin
der Magen	die Faust
der Augapfel	die Stricknadel
der Pantoffelheld	die Bratpfanne
der Hilfssheriff	die Prügel

Yin

Wie bereits erklärt, ist Yin das weibliche Element im Begrifsspaar Yang – Yin. Es stellt eine Beziehung zum männlichen Element her, und beide sind voneinander abhängig wie die Fliege (Yin) vom Misthaufen (Yang).

Yoga

Übung zur Körperertüchtigung. Durch zahlreiche gliederverrenkende Küren hält man den Körper geschmeidig und in Form. Aber Vorsicht: Schnell hat man sich die Gräten so verknotet, daß man sich allein nicht mehr befreien kann. Sollte dann ein Fall der Selbstverteidigung eintreten, sollte

Zähne

man den Gegner schnell bitten, einen schwarzen Gürtel zu reichen.

Yop-Chagi

Seitwärtstritt in Taekwon-Do. Diese Technik wird auch von einigen Tierarten beherrscht, zum Beispiel von Kühen, die den Melker mit den kalten Händen kommen sehen.

Z

Zähne

Natürliche Werkzeuge zum Zerkleinern von Nahrung durch Kauen. Die Zähne sitzen solange im Mund des Kampfsportlers, bis rohe physikalische Kräfte darauf einwirken und sie so schmerzhaft aus der Verankerung katapultieren. Sie sind aber durch künstliche Materialien ersetzbar und können dem Gegner bei nächster Gelegenheit wieder gezeigt werden.

Zai

Achtes Fingerzeichen der Ninjas. Man bildet mit Daumen und Zeigefinger beider Hände ein Dreieck. Dieses Mudra ermöglicht dem Ninja die Kontrolle über die Elemente. Da die Hände ein Loch bilden, kann man dieses Mudra auch zu anderen Zwecken benutzen. Zum Beispiel zeigt man damit dem Gegner die Größe der Zahnlücke, die er davonträgt, wenn er nicht seine unlauteren Absichten aufgibt.

Zen

Neuntes und letztes Fingerzeichen der Ninjas. Die rechte Hand umfaßt dabei die linke geschlossene Faust, wodurch es dem Ninja möglich wird, sich unsichtbar zu machen. Mit dieser Gabe lassen sich nette Spielchen ins Leben rufen.

Ziegel Härtere Variante des Backsteins, die auch zu Bruchtests benutzt wird. Eine ungeübte Faust sollte jedoch lieber einen Hammer umklammern und dessen Hilfe zum Zerkleinern des Steins heranziehen.

Zoris Asiatischer Reisstrohschlappen, der nach dem Training oder Kampf angezogen wird, wenn die Füße in keinen normalen Schuh mehr hineinpassen (weil zum Beispiel ein Sumo-Ringer darauf gestanden ist).

Zuki-Waza Eine Gerade ist die kürzeste Entfernung zwischen zwei Punkten. Alle Techniken, die sich dieses physikalische Gesetz zu eigen machen, gehören zur Stoßtechnik. Nur die Knöchel von Zeige- und Mittelfinger treffen auf das Ziel. Da die Kontaktfläche sehr klein ist, kann man eine ungeheure Wirkung von dem Schlag erwarten. Als Kontaktfläche eignen sich empfindliche Stellen wie der große Zeh oder das Ohrläppchen.

Zuki-Waza

ISBN 3-8231-0135-8

ISBN 3-8231-0543-4

ISBN 3-8231-0126-9

ISBN 3-8231-0188-9

ISBN 3-8231-0176-5

ISBN 3-8231-0166-8

ISBN 3-8231-0139-0

ISBN 3-8231-0189-7

ISBN 3-8231-0116-1

ISBN 3-8231-0173-0

ISBN 3-8231-0177-3

Fröh·li·che Wör·ter·bü·cher von A bis Z

ISBN 3-8231-0105-6

ISBN 3-8231-0138-2

ISBN 3-8231-0136-6

ISBN 3-8231-0159-5

ISBN 3-8231-0179-X

ISBN 3-8231-0110-2

ISBN 3-8231-0162-5

ISBN 3-8231-0181-1

ISBN 3-8231-0545-0

ISBN 3-8231-0101-3

ISBN 3-8231-0190-0

ISBN 3-8231-0120-X

ISBN 3-8231-0137-4

ISBN 3-8231-0534-5

ISBN 3-8231-0121-8

ISBN 3-8231-0152-8

ISBN 3-8231-0157-9

ISBN 3-8231-0122-6

ISBN 3-8231-0144-7

ISBN 3-8231-0114-5

ISBN 3-8231-0113-7

ISBN 3-8231-0541-8

ISBN 3-8231-0544-2

ISBN 3-8231-0107-2

ISBN 3-8231-0128-5

ISBN 3-8231-0191-9

ISBN 3-8231-0112-9

ISBN 3-8231-0542-6

ISBN 3-8231-0149-8

ISBN 3-8231-0548-5

ISBN 3-8231-0546-9

ISBN 3-8231-0147-1

ISBN 3-8231-0187-0

ISBN 3-8231-0167-6

ISBN 3-8231-0540-X

TOMUS-Bücher machen Spaß

ISBN 3-8231-0129-3

ISBN 3-8231-0143-9

ISBN 3-8231-0098-X

ISBN 3-8231-0168-4

ISBN 3-8231-0119-6

ISBN 3-8231-0123-4

ISBN 3-8231-0134-X

ISBN 3-8231-0650-3

ISBN 3-8231-0154-4

ISBN 3-8231-0163-3

ISBN 3-8231-0192-7

Fröh·li·che Wör·ter·bü·cher von A bis Z

ISBN 3-8231-0193-5

ISBN 3-8231-0164-1

ISBN 3-8231-0169-2

ISBN 3-8231-0170-6

ISBN 3-8231-0124-2

ISBN 3-8231-0539-6

ISBN 3-8231-0140-4

ISBN 3-8231-0194-3

ISBN 3-8231-0538-8

ISBN 3-8231-0185-4

TOMUS-Bücher machen Spaß

ISBN 3-8231-0117-X

ISBN 3-8231-0171-4

ISBN 3-8231-0156-0

ISBN 3-8231-0109-9*

ISBN 3-8231-0175-7

ISBN 3-8231-0172-2

ISBN 3-8231-0535-3

ISBN 3-8231-0174-9

ISBN 3-8231-0537-X

ISBN 3-8231-0111-0

ISBN 3-8231-0536-1

Fröh·li·che Wör·ter·bü·cher von A bis Z

ISBN 3-8231-0183-8

ISBN 3-8231-0184-6

ISBN 3–8231–0151–X

ISBN 3–8231–0130–7

ISBN 3–8231–0158–7

ISBN 3-8231-0125-0

ISBN 3-8231-0131-5

ISBN 3-8231-0530-2

ISBN 3-8231-0531-0

ISBN 3-8231-0195-1

TOMUS-Bücher machen Spaß

ISBN 3-8231-0141-2

ISBN 3-8231-0150-1

ISBN 3-8231-0145-5

ISBN 3-8231-0146-3

ISBN 3-8231-0115-3

ISBN 3-8231-0178-1

ISBN 3-8231-0118-8

ISBN 3-8231-0103-X*

ISBN 3-8231-0155-2

ISBN 3-8231-0161-7

ISBN 3-8231-0197-8

Fröh·li·che Wör·ter·bü·cher von A bis Z

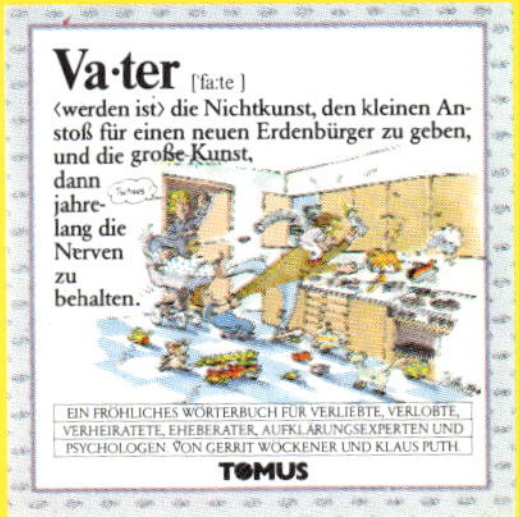

ISBN 3-8231-0160-9

ISBN 3-8231-0132-3

ISBN 3-8231-0133-1

ISBN 3-8231-0148-X

ISBN 3-8231-0142-0

ISBN 3-8231-0199-4

TOMUS-Bücher machen Spaß

ISBN 3-8231-0099-8

ISBN 3-8231-0186-2

ISBN 3-8231-0547-7

TOMUS-Bücher machen Spaß